51
Lb 2198.

AF253958

M. GUIZOT

EN PRÉSENCE

DE L'OPPOSITION CONSTITUTIONNELLE.

Poitiers. — Imp. de F.-A. Saurin.

M. GUIZOT

EN PRÉSENCE

DE L'OPPOSITION CONSTITUTIONNELLE,

OU

RÉPONSE AU MANIFESTE DU PARTI DOCTRINAIRE

contre

LES LIBERTÉS FRANÇAISES.

Par Mercier-Desponteilles,

Chevalier de la Légion-d'Honneur, capitaine d'infanterie en retraite, auteur de
l'*Epître aux Monarques du Nord.*

Malum quod vidi sub sole positum, stultum
in dignitate sublimi.

A PARIS,

CHEZ LECOINTE ET POUGIN,

QUAI DES AUGUSTINS, ɴᵒ 49.

AVRIL 1834

M. GUIZOT

EN PRÉSENCE

DE L'OPPOSITION CONSTITUTIONNELLE,

DANS

Les chambres législatives et hors des Chambres;

OU

RÉPONSE AU MANIFESTE DU PARTI DOCTRINAIRE

contre

LES LIBERTÉS FRANÇAISES.

> Malum quod vidi sub sole positum, stultum
> in dignitate sublimi.

Avant d'aborder la question du principe des associations, violemment attaqué par un projet de loi anti-national, anti-libéral et anti-social, soutenu par la polémique parlementaire et extraparlementaire du plus vigoureux athlète de l'association doctrinaire, qu'il me soit permis de faire remarquer que M. Guizot abuse étrangement de la position élevée qu'il occupe dans notre gouver-

1

nement, comme ministre de l'instruction publi-que, comme grand - maître de l'université , et comme membre du cabinet français, pour imposer à la France ses opinions politiques , et celles de ses collègues de la *doctrine*.

Il n'a pas trouvé de meilleur moyen de faire goûter et adopter son projet de loi, que de répan-dre, aux frais du trésor public, le discours qu'il a prononcé à la chambre des députés, à la séance du 12 mars dernier, sans l'accompagner d'aucun document, d'aucune objection faite par ses adver-saires, ni d'un résumé succinct des principales objections qui lui ont été opposées par une mi-norité forte de raisons, forte de son ensemble et de la suite qu'elle a mise dans cette discussion , soutenue avec dignité et modération, par une logi-que serrée , qui ne laissait aucune prise aux sophismes de ses adversaires , et par une argu-mentation invincible.

Cette pièce est adressée officiellement à MM. les maires des quarante-six mille communes dont se compose la population française.

Il est très-facile de triompher, quand on repro-duit les mille et un argumens qui ont été autant de fois pulvérisés à l'une des tribunes du parle-ment français.

Puisque messieurs de la doctrine ont la préten-tion de prendre l'opinion publique pour juge dans

cet important débat , il était de la loyauté de géné-
reux adversaires de soumettre à leurs juges natu-
rels les pièces qui pouvaient les mettre en état de
prononcer avec connaissance de cause , et par
conséquent de faire imprimer en regard du document de M. Guizot , celui des discours de l'opposition qu'ils auraient jugé le plus fort en raison-
nement. Mais il paraît que ces messieurs ne
procèdent pas de cette manière ; ils ne sont forts
et ne peuvent être forts que de l'absence ou du
silence de leurs adversaires. Aussi s'adressent-ils
de préférence aux autorités municipales, placées
aux derniers degrés de la hiérarchie administra-
tive, et dont ils savent très-bien que le plus grand
nombre, surtout dans les communes rurales, ne
lit pas, ou ne lit que rarement, les journaux et
écrits sortis des presses libres et indépendantes.

M. Guizot ayant jeté le gant à celui de ses adversaires qui voudra le relever, j'ose me présenter
dans la lice, moi simple particulier , moi ilote
politique , grâce à la législation électorale de la
restauration et de la quasi-restauration, moi qui,
pourtant, ai joui du libre exercice de mon droit
électoral lors de la première restauration en
1814, et de la seconde en 1815 , et comme chevalier de la Légion-d'Honneur, et comme muni , à
cet effet, d'un brevet impérial daté de Moscou ;
eh bien ! moi , je le relève, le gant de M. Guizot,

ministre de l'instruction publique, et membre du conseil des ministres.

Après ce préalable, entrons dans la discussion. M. Guizot commence par citer les actes du parlement britannique rendus en 1798, 1817 et 1821, qui suppriment « et prohibent spécialement les » associations connues sous les noms *des Anglais* » *unis*, *des Ecossais unis*, *des Irlandais unis,* » *des Bretons unis*, et la *Société correspondante* » *de Londres*, ainsi que toute société dont les » membres prêtent entre eux des sermens illé- » gaux, ou prennent des engagemens illégitimes, » et où les noms de quelques-uns des membres, » ou des personnes formant les comités, sont » tenus secrets; ou bien toutes sociétés où il y a » des sociétés branches, ou des sous-divisions, » combinaisons, ou associations qui sont toutes » déclarées illégitimes, sous les peines portées » dans l'acte.

» L'acte de 1817, dit M. Guizot, est absolu- » ment analogue à celui que je viens de lire. » Voici les premières phrases : Les sociétés ou » clubs institués dans la métropole, et dans les » diverses parties du royaume, d'une tendance » dangereuse et incompatible avec la tranquillité » publique et l'existence du gouvernement établi, » les lois et la constitution du royaume, beaucoup » desdites sociétés élisant ou nommant des comités

» et des délégués pour conférer ou correspondre
» avec d'autres sociétés établies dans les autres
» parties du territoire, sont supprimées et pro-
» hibées.

» Toutes personnes reconnues comme étant
» membres de ces combinaisons ou associations
» déclarées illégitimes, seront punies conformé-
» ment aux dispositions suivantes, etc. »

Après toutes ces citations des actes du parlement anglais, on devait s'attendre à voir M. Guizot établir, par des raisonnemens plus ou moins concluans, une analogie, sinon parfaitement exacte, au moins approximative, entre des actes du parlement anglais, nécessités par des circonstances critiques, et rendus en présence d'une révolution d'un pays voisin, qui menaçait l'existence des gouvernemens étrangers, lesquels actes n'avaient de durée qu'aussi long-temps que dureraient les circonstances qui les avaient rendus indispensables; entre ces actes, disons-nous, et un projet qui a pour but avoué d'anéantir à perpétuité tout principe et tout droit d'association quelconque.

M. Guizot, au lieu de tirer de ces différens actes des conséquences et inductions applicables à la situation actuelle de la France, et à la nécessité des mesures indiquées dans le projet de loi soumis à la discussion, a cru devoir escobarder la question principale, en disant : « Le parlement anglais

» a porté contre les associations qui lui parais-
» saient de nature à troubler la tranquillité publi-
» que, et à compromettre les lois et le gouverne-
» ment, des lois et des peines aussi sévères , plus
» sévères même, que celles que nous proposons
» aujourd'hui. »

M. Guizot avait à répondre aux argumens pres-
sans et consciencieux de M. Pagès de l'Ariége,
qui avait dit dans son discours en réponse à celui
du ministre de l'intérieur : « Si un ministre anglais
» disait à la chambre des communes : Le droit
» d'association est une des libertés de l'Angle-
» terre; il est illimité, indéfini, admis partout,
» reconnu par tous. C'est le droit commun des
» pays libres , et le parlement n'y peut porter
» atteinte. Mais il s'élève dans la Grande-Bre-
» tagne des sociétés perturbatrices qui, rappelant
» la légitimité des Stuarts, la république des Puri-
» tains , le despotisme de Cromwel, frappent
» d'anathème le pouvoir existant , le traitent
» d'usurpation, soulèvent les masses contre l'ordre
» établi , et nous placent en face d'une révolu-
» tion nouvelle. Protecteur de la sécurité publi-
» que, le ministère en appelle à vos sermens, et,
» en proclamant le droit d'association illimité dans
» l'ordre constitutionnel, il vous demande de le
» comprimer et de le punir dans les sociétés qui
» attentent à cet ordre. »

Voilà la question nettement et exactement présentée dans cet exposé de principes, offert sous la forme d'une allocution ministérielle au parlement britannique. Le droit d'association, constitutionnellement établi , est parfaitement distingué de l'abus qu'on peut en faire , de la nécessité d'en réprimer les écarts , d'en éloigner les dangers , sans porter la moindre atteinte au droit lui-même.

C'est ainsi qu'il faut séparer une chose bonne en elle-même et utile, de l'abus qu'on pourrait faire de cette même chose. Cette distinction et séparation est d'autant plus essentielle , qu'elle est la base du maintien de l'ordre dans toute société civilisée. La même distinction s'applique naturellement à la liberté de la presse, au droit consacré par nos deux chartes de faire imprimer et publier ses pensées, dans les pays libres et jouissant de la réalité du gouvernement représentatif. Eh ! de quoi les passions humaines n'abusent-elles pas ? La religion elle-même est-elle exempte de cette corruption morale ? Ne dégénère-t-elle pas trop souvent en fanatisme aveugle ? N'existe-t-il pas des pays où elle est encore aujourd'hui un prétexte de guerre civile , malgré les progrès des lumières de ce siècle ? L'histoire aux 15e et 16e siècles n'en offre-t-elle pas les preuves les plus sanglantes ? Eh bien ! faut-il donc pour cela supprimer la religion ? supprimer la liberté d'écrire ? supprimer le. principe et l'esprit d'association , qui n'est autre chose que l'esprit de société ? C'est cet esprit d'association ou de société qui a donné naissance aux différens gouvernemens qui existent , et dont les peuples avaient senti le besoin pour se maintenir et pourvoir à leur sûreté, à leur bonheur. Faut-il donc, sous le prétexte et malgré les abus possibles , anéantir l'union entre les membres de la cité ? L'expression *civitas* signifie-t-elle autre chose que *civium unitas ?*

Voilà la ligne de séparation exactement tracée entre les choses bonnes en elles-mêmes , et l'abus de ces mêmes choses. Voilà, Messieurs de la *doctrine*, vous qui excellez dans l'art d'escamoter les révolutions et d'accaparer les portefeuilles ministériels, voilà le juste-milieu que vous auriez dû suivre. Au lieu de cela, vous avez maladroitement dirigé le vaisseau de l'État au milieu des écueils que vous avez semés sur sa route. Il ne vous reste plus qu'à vous retirer. Pour éviter Carybde , vous vous êtes jetés dans Scylla ; retirez-vous. Vous avez faussement manœuvré entre deux principaux écueils : l'un, que votre imagination déréglée et hypocritement peureuse vous a montré comme le plus près de vous et le plus dangereux, l'anarchie de 93 ; l'autre, qui est aussi une anarchie bien plus durable, et partant plus à craindre , parce qu'elle fauche les générations, et dans lequel vous vous êtes précipités pour éviter le premier : je veux dire le système affligeant de l'arbitraire le plus ignoble et du plus honteux despotisme, dont vous n'êtes encore que les aveugles instrumens ; retirez-vous. Le timon du vaisseau de l'État vous échappe des mains ; retirez-vous. Laissez la direction des affaires publiques à des mains plus habiles, à des hommes plus prévoyans et plus désintéressés ; retirez - vous. Profitez encore du peu d'influence qui vous reste pour transmettre les pouvoirs dont vous n'avez pas su faire usage, ou dont vous avez fait un mauvais usage, à des hommes qui aient un système de gouvernement plus national, plus rationnel, et surtout plus moral, que celui que vous vous êtes engagés à soutenir, à des hommes, en un mot, qui aient de la probité politique. Ce sera pour vous le seul moyen de vous faire oublier, et d'écarter cette terrible responsabilité qui pèsera long-temps sur vos têtes (1).

(1) Ceci était écrit lorsque le *Moniteur* a porté dans nos provinces les ordonnances sur le renouvellement partiel du ministère, sur lequel je ne me permettrai, quant à présent, aucune réflexion. Je dirai seulement qu'il est à déplorer que l'élévation de M. Persil à la dignité de garde des sceaux de France, sur le siége tout resplendissant encore des souvenirs de l'illustre chancelier d'Aguesseau, n'ait pas

Mais poursuivons nos citations extraites du discours de M. Pagès. « Si , dis-je , un ministre
» anglais tenait ce langage, pensez-vous , Mes-
» sieurs , qu'un seul membre du parlement osât
» refuser le bill demandé ? Mais, en Angleterre ,
» la liberté d'association est le droit commun ;
» en France, elle est une exception. En Angle-
» terre, la liberté est universelle , la répression
» est spéciale ; en France la règle fait l'exception,
» c'est l'exception qui fait la règle. En Angleterre
» on s'associe, parce qu'on est Anglais et libre ;
» en France, parce que la police le permet. Aussi
» en Angleterre la liberté reste entière lorsqu'on
» punit la licence ; tandis qu'en France on ne
» peut refréner la licence sans tuer la liberté. »
Je terminerai là cette citation. Le reste du discours est de la même force de logique , de la même
évidence de démonstration, les preuves à l'appui
venant, à l'envi les unes des autres , corroborer
de plus en plus son argumentation. On vient
de voir comment le champion ministériel y a ré-
pondu.

pu avoir lieu sans être accompagnée de l'injustice la plus
criante, par la destitution, déguisée sous le nom de démis-
sion, d'un ancien et respectable magistrat, d'un homme
vertueux qui n'a jamais transigé avec sa conscience ni avec
ses devoirs.

M. le ministre de l'instruction publique, après avoir répété qu'il allait aborder le fond de la question, répond d'abord à des interpellations personnelles qui lui ont été faites, tant sur sa participation à la Société *Aide-toi, le ciel t'aidera*, que relativement à l'art. 291 du Code pénal.

A cette occasion, le ministre déclare « qu'il » honore *la république*, même quand il se croit » appelé à la combattre. » C'est une singulière manière d'honorer une opinion, que de se montrer disposé soit à la combattre, soit à la soutenir, selon les circonstances. J'honore, reprend M. Guizot, *l'esprit républicain*, mais je n'honore pas du tout *l'esprit anarchique, l'esprit révolutionnaire.* Il reconnaît donc, ainsi, que l'esprit anarchique et révolutionnaire est en désaccord avec l'esprit républicain. C'est un aveu remarquable dans la bouche d'un homme qui a long-temps professé les principes de la monarchie absolue, plus ou moins déguisés sous les dehors trompeurs d'une métaphysique nébuleuse et abstraite, d'une philosophie politique équivoque et quasi libérale, soutenue par une dialectique spécieuse et pleine de sophisme. Qu'il ne craigne pas qu'on prenne au sérieux cette manifestation de principes. L'esprit républicain, qu'il honore avec raison, exige des vertus privées et publiques, un grand désintéressement, l'absence de toute ambition personnelle, un entier dévoûment aux intérêts de la patrie. Nous voulons bien croire que M. Guizot n'est étranger à aucune de ces vertus ; mais, malheureusement pour lui, il n'a pas eu, malgré ses talens incontestables, celui de le persuader à un grand nombre de personnes.

Puisque M. Guizot n'a pas craint de soulever incidemment la question délicate des théories sur la république et l'esprit républicain, nous ne reculerons pas devant cette question, et nous entrerons avec lui dans cette discussion.

L'application de la théorie républicaine, comme forme de gouvernement, à la population française, me paraît devoir être écartée de la discussion. L'état actuel de notre civilisation, oblitérée par 14 siècles de monarchie, tantôt nationale, tantôt militaire et tantôt féodale, ne permet guère à la nation française de supporter cette forme de gouvernement, qui ne convient qu'à des peuples plus rapprochés de la nature, de mœurs plus simples, et qui n'ont pas encore subi la corruption des vieilles monarchies, ni l'altération d'une civilisation usée. Néanmoins cette forme de gouvernement n'est pas, sous bien des rapports, absolument étrangère aux mœurs des peuples plus avancés dans la civilisation.

On a fait, jusqu'à présent, à l'imagination vive et exaltée des Français, un épouvantail du mot

république en opposition au mot *monarchie*. On
ne s'est pas aperçu que ces deux formes ne sont
pas aussi antipathiques que pourraient le croire
des esprits irréfléchis et superficiels. Pour appuyer
cette antipathie de circonstance, on a eu toujours
soin de présenter le fantôme de l'épouvantable
anarchie de 1793 ; ce qui a réussi jusqu'à présent,
même au-delà des espérances de ces alarmistes
hypocrites, tant le sentiment de la peur a de pouvoir sur le moral de l'homme, et sur le système
nerveux de son organisation physique. Essayons
de détruire cette prétendue antipathie par des
faits évidens. Qu'est-ce en effet que le gouvernement représentatif, si ce n'est une république
monarchique, telle que Montesquieu a qualifié
la monarchie anglaise ? Et qu'est-ce que la république des Etats-Unis de l'Amérique du Nord ?
Est-ce autre chose qu'une monarchie républicaine, .
avec cette différence que dans celle-ci le monarque, sous le nom de président, est électif et
temporaire, et dans l'autre il est héréditaire ?
Qu'était l'ancienne monarchie constitutionnelle de
la Pologne, sinon une république régie par un
monarque électif, et reconnue comme telle par
toutes les puissances de l'Europe ?

Pour revenir au parallèle entre la république
des Etats-Unis et le royaume d'Angleterre, nous
voyons que l'une est appuyée sur des institutions

purement démocratiques, et le royaume d'Angleterre sur des institutions analogues, mélangées d'autres institutions aristocratiques qui s'éteignent avec le temps et les progrès de la civilisation moderne, et d'usages féodaux qui s'incorporent graduellement avec l'esprit du siècle actuel, et la véritable civilisation, qui a pour principe la liberté civile et religieuse, selon l'expression de M. *Canning*, de glorieuse mémoire. Voilà ce que ces deux gouvernemens ont de différence. Ce qu'ils ont de commun, c'est le système représentatif, avec toute sa sincérité et son développement législatif; c'est encore le principe de la souveraineté nationale, considéré dans les deux pays comme maxime de droit public, mise également en action dans l'un et dans l'autre, avec cette légère différence qu'il est passé en usage dans le parlement britannique de garder sur ce principe un silence prudent, pour ne pas éveiller au dehors l'ombrage intempestif des puissances étrangères, et au dedans les passions politiques. Je pourrais pousser plus loin cette démonstration; mais il ne faut pas trop se défier de la sagacité des lecteurs.

Je suis si convaincu des vérités que je viens d'énoncer, que je serais, comme le général Lafayette, républicain à Wasington, comme je suis monarchiste constitutionnel en France, et je dirais comme ce grand citoyen, le héros des deux mondes, le défenseur des droits et de la liberté des peuples, en parlant du programme de l'Hôtel-de-Ville, auquel il a eu la plus grande part : « Voilà la meil- » leure des républiques. » Qu'on appelle cela, si l'on veut, le rêve de la perfectibilité des sociétés humaines ; il est toujours beau de rêver ainsi. Il n'en est pas moins vrai qu'avec plus de bonne foi ce rêve eût été une réalité.

Après cette digression, qui n'était pourtant pas hors de notre sujet, revenons à M. Guizot et à la société doctrinaire dont il est un des principaux coryphées.

On a vu jusqu'ici que M. Guizot avait, deux fois dans son discours, ajourné sa discussion sur le fond de la question qu'il avait à traiter, et qu'une opposition modérée, consciencieuse et logiquement éloquente, avait clairement posée, en s'efforçant même de la mettre à la portée de ses adversaires. Eh bien! que fait cet habile dialecticien? il se livre à des déclamations calomnieuses et récriminatoires contre ses puissans adversaires. Autant ceux-ci ont mis de mesure, de prévoyance politique, de modération dans leur argumentation, autant M. Guizot et son parti, comme il appelle lui-même ses amis politiques, ont mis, dans la leur, d'emportement, d'irréflexion, je dirais même de dévergondage, expression que M. Guizot applique à la liberté de la presse, par cette phrase caractéristique du système qu'on tente d'établir : « Il faut bien savoir que la liberté de la » presse, permettez-moi l'expression, c'est le dé- » vergondage de la pensée, de la parole ; il n'y » a pas d'excès, de fureur de langage, aux- » quels on ne se livre quand on peut tout dire. »

Monsieur Guizot, vous n'avez pas à craindre les poursuites de M. Persil, votre collègue actuel à la justice ; vous pouvez *tout dire*, vous pouvez injurier, calomnier l'opposition, calomnier le principe fondamental de notre gouvernement représentatif, la liberté légale de la presse ; vous pouvez vous livrer *à tous les excès*, *à toute la fureur du langage*, et tout cela avec impunité ; les lois ne sont pas faites pour atteindre un personnage aussi élevé que vous l'êtes. Mais au moins ne faudrait-il pas mentir à votre conscience, et porter le *dé-vergondage de la pensée et de la parole* jusqu'au point de soutenir que la liberté de la presse est *le droit de tout dire*. Les milliers d'écrivains consciencieux et patriotes que vous poursuivez, vous et votre parti, avec tant d'acharnement, que vous tenez sous les verrous, des mois, des années entières, les imprimeurs que vous ruinez, sans doute de par la triple alliance, parlent plus haut contre vous que je ne pourrais le faire.

Il semble que M. Guizot ait voulu donner, par son propre exemple, la preuve de ce qu'il avançait contre le plus précieux des droits d'un peuple libre. Ce champion du pouvoir absolu se sera cru transporté par la pensée au milieu du Congrès des plénipotentiaires allemands, sous la présidence du prince de Metternich.

Voilà dans quels termes M. Guizot injurie l'opposition : « Ce n'est pas d'aujourd'hui que vous
» décriez, que vous compromettez nos libertés à
» mesure qu'elles paraissent. Je voudrais bien
» qu'on me citât une seule de nos libertés qui,
» en passant par vos mains, par les mains des
» hommes dont je parle, ne soit bientôt de-
» venue un danger, ne soit devenue suspecte
» au pays.

» Entre vos mains, la liberté devient licence,
» la résistance devient révolution. On parlait hier
» d'empoisonneurs. Messieurs, il y a un parti qui
» semble avoir pris le rôle d'empoisonneurs pu-
» blics, qui semble avoir pris à tâche de venir
» souiller les plus beaux sentimens, les plus beaux
» noms, les meilleures institutions. C'est ce parti
» qui a, pendant plusieurs années, décrié en
» France les mots de liberté, d'égalité, de patrio-
» tisme. C'est ce parti qui a amené tous les échecs
» de la liberté, toutes les réactions despotiques
» que nous avons eu à subir. Chaque fois que la
» liberté est tombée entre ses mains, chaque fois
» qu'il s'est emparé de nos institutions, de la

» presse, de la parole, du gouvernement re-
» présentatif, du droit d'association, il en a fait
» un tel usage, il en a tiré un tel danger pour
» le pays, un tel sujet d'épouvante, et permet-
» tez-moi d'ajouter de dégoût, qu'au bout de
» très-peu de temps, le pays tout entier s'est in-
» digné, alarmé, soulevé, et que la liberté a
» péri dans les embrassemens de ses honteux
» amans. »

Si cette apostrophe déclamatoire s'adresse à l'opposition libérale, ce dont il est permis de douter,
nous ne nous abaisserons pas à répondre à des
phrases vides de sens et d'application : *sunt
tantùm verba et voces prætereàque nihil;* mais
nous dirons au déclamateur : *Mentiris impuden-
tissimè.*

Ne dirait-on pas, si on s'en tenait à la lecture
de ce passage, que M. Guizot a voulu faire, au
nom de son parti, amende honorable de la participation qu'il a eue au système anti-libéral et
anti-national qui a été suivi jusqu'à ce jour?
M. Guizot semble aujourd'hui chanter la pali-
nodie, par un revirement d'opinion que les circonstances actuelles rendraient nécessaire, par
une certaine prudence et une prévoyance d'ambition et d'intérêt personnels, familiers à cette secte
politique. En effet, on trouve, dans cette longue
période, le résumé d'une série de griefs et d'accu-

sations, qui retombent à point nommé sur la conduite politique de l'administration du 13 mars et du 11 octobre. Le calcul de l'égoïsme ambitieux nous porte naturellement à ne nous brouiller complètement avec aucun parti, dans un temps de révolutions, parce qu'on ne sait pas quel est celui qui, en dernier résultat, doit obtenir un triomphe incontestable. L'hommage rendu à l'esprit républicain et à la république, même lorsqu'on se croit appelé à le combattre, n'est pas de nature à dissiper ce doute. Mais comme la pensée d'un doctrinaire est insaisissable, les phrases suivantes sont capables de dérouter la raison elle-même, et de confondre la logique la plus concluante.

L'habile orateur que nous combattons croit avoir triomphé de ses adversaires, en disant d'un ton doctoral : « Qu'on ne parle donc plus, comme » on le fait depuis quelque temps, qu'on ne parle » plus de mécomptes depuis 1830 ! qu'on ne parle » pas d'espérances déçues ! Oui, il y a eu des mé- » comptes, des espérances déçues, et les premières » sont les nôtres. » Monsieur Guizot, qu'espériez-vous donc au-delà des titres, des faveurs dont vous avez été comblé, des portefeuilles qui ne vous ont pas manqué, et dont vous avez fait échange selon votre convenance ?

« C'était nous, reprend M. Guizot, je n'hésite » pas à le dire, c'était mes amis, c'était mon parti,

» c'était nous qui avions conçu les plus hautes
» espérances du développement progressif de nos
» libertés et de nos institutions. » *Proh pudor!...*
Et qu'avez-vous fait jusqu'à présent pour réaliser
ces *hautes espérances*, pour hâter le développement
de nos institutions, auxquelles vous ne daignez pas
même donner le titre de constitutionnelles ? Est-ce
pour cela que vous vous efforcez de détruire toutes
les garanties de la Charte constitutionnelle, la liberté de la presse, l'institution du jury, le principe de toute association, qui est applicable dans
tout gouvernement régulier ? Est-ce pour cela que
vous dénaturez, que vous annulez successivement,
non-seulement l'organisation légale de la garde
nationale, cette précieuse garantie de la sûreté
extérieure et du maintien de l'ordre à l'intérieur (1), mais encore le principe même de cette
institution tutélaire?

Si vous étiez un amant passionné, comme vous
le prétendez, de nos libertés et de nos institutions,
auxquelles même vous ne daignez pas donner le
titre de constitutionnelles, vous n'auriez pas fait

____

(1) Si la garde nationale de Lyon eût été réorganisée à
l'époque des 9, 10, 11, 12, 13 et 14 avril dernier, nul doute
que les malheurs qui ont affligé cette intéressante cité auraient été épargnés à la France, et le sang des citoyens n'aurait pas été répandu à longs flots.

tant de frais d'éloquence pour les flétrir, ainsi que leurs défenseurs, par les expressions de *déver-gondage*, et de *honteux amans* dans les *embrasse-mens* desquels, dites-vous, *la liberté* tout entière *a péri*. Rassurez-vous, Monsieur Guizot, la liberté n'a pas péri, elle ne périra pas, elle est impérissable ; elle a bien d'autres défenseurs que vous et votre parti.

M. Guizot se plaint amèrement qu'on l'accuse de prêcher l'indifférence politique. Pour se justifier il présente un tableau fantasmagorique de l'état actuel de la société française, tableau qu'il a puisé dans le prisme de son imagination et dans les leçons de son Cours d'histoire systématique. Après avoir tracé ce tableau, s'adressant à la majorité ministérielle, il s'écrie : « Messieurs, permettez-
» moi de vous le dire, il n'y a pas de gouverne-
» ment possible dans aucun pays, encore plus
» dans le nôtre, sans le concours, sans l'appui,
» sans l'adhésion active des honnêtes gens, des
» hommes qui ne demandent pour la vie civile
» que sécurité et honneur. C'est avec ceux-là seu-
» lement qu'il est possible de gouverner ; le jour
» où ils se retireront de vous, ce jour-là vous ne
» gouvernerez plus. » Des marques d'assentiment des centres accompagnent cette sentence doctorale.

Eh bien ! Monsieur Guizot, ce jour-là est arrivé

pour vous et vos amis. Vous pouvez en conséquence vous retirer , puisque vous ne pouvez gouverner qu'avec le petit nombre de ceux que vous appelez les *honnêtes gens , qui ne demandent , pour la vie civile, que sécurité et honneur;* c'est-à-dire, de parfaits égoïstes , qui ne s'inquiètent point de ce que deviennent leurs concitoyens , victimes des persécutions d'une police inquisitoriale , ou qui tombent sous les coups d'une brigade d'assommeurs ; qui, pourvu qu'ils aient des honneurs et des places , se soucient fort peu des libertés publiques , des institutions constitutionnelles et de l'indépendance nationale , qu'ils sacrifieraient volontiers , pourvu que leur bien-être personnel n'en fût pas troublé.

Notre athlète doctrinaire fulmine également les foudres de son éloquence furibonde contre le parti carliste. Je ne me charge pas de répondre pour les défenseurs de bonne foi du droit prétendu divin; assez d'habiles écrivains se présenteront parmi eux , en tête desquels doit se placer naturellement l'illustre auteur du *Génie du Christianisme,* dont on ne peut s'empêcher d'admirer le talent et le noble caractère , sans pourtant partager ses opinions , qui doivent toujours rester libres dans le cercle de la légalité constitutionnelle ; assez d'habiles écrivains, dis-je, se présenteront pour réfuter les mauvais argumens des orateurs doctrinaires.

Lorsqu'il retourne à l'attaque du parti républicain , il le divise en deux catégories : l'une qu'il appelle un composé de mauvais élémens , qu'il désigne comme héritiers de la Convention et des clubs, le *caput mortuum*, la *mauvaise queue de notre révolution* ; l'autre contenant de bons élémens , qu'il nomme les *républicains de l'avenir*, *les élèves de l'école américaine*. C'est à ceux-ci qu'il répond. Il se borne à dire que « ceux qui regar-
» dent le gouvernement des Etats-Unis comme
» l'état normal des sociétés , comme le dernier
» terme auquel elles doivent toutes arriver , me
» paraissent être dans une *puérile ignorance* et
» des lois de la nature humaine et des conditions
» de la société. » Qu'on remarque bien cette expression de *puérile ignorance*. En vérité, ce grand philosophe, qui n'ignore aucune des lois de la nature humaine et des conditions de la société, croit être à la tribune nationale comme dans sa chaire de professeur d'histoire , et parler aux représentans de la nation comme il parlait à ses jeunes élèves ; il se persuade donc que le pouvoir absolu est le *dernier terme des conditions de la société*, et l'esclavage conforme aux *lois de la nature humaine ?*

L'exposition d'une pareille doctrine en démontre suffisamment l'absurdité.

Cet éloquent orateur , après avoir longuement

disserté sur l'esprit de la classe moyenne mise en opposition avec le reste de la population , conclut à peu près ainsi : « Voilà la loi qui vous est pré-
» sentée, Messieurs , voilà sa nécessité , voilà les
» faits qui l'ont amenée ; elle est destinée à
» réprimer, à supprimer ces associations , qui
» jetées au milieu de nos dangers, les exaltent, les
» accroissent outre mesure , et nous tiennent sans
» cesse sur le bord du précipice. »

Qui est-ce qui l'a creusé ce précipice, si ce n'est vous et le dangereux système que vous vous êtes obstiné à suivre , malgré les avis d'une opposition patriote, sage et consciencieuse ? Il y aurait beaucoup à répondre à cette dernière phrase ; mais je terminerai là cette réfutation, qui est encore loin d'être complète. Je laisserai à la sagacité des lecteurs le soin de suppléer à ce qui y manque.

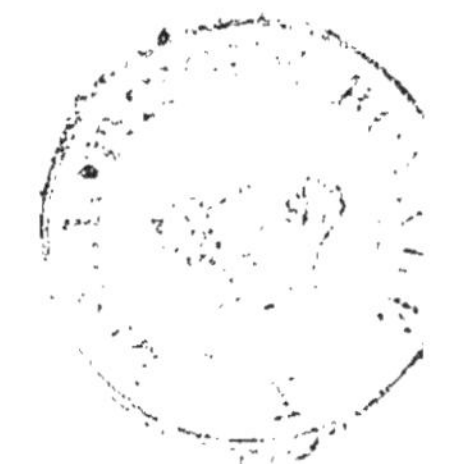

www.ingramcontent.com/pod-product-compliance
Lightning Source LLC
Chambersburg PA
CBHW051406060726
47596CB00005B/2101